FEMKE LIEBHAUS

Kein Milch, Ei, Weizen und Soja

KOCHBUCH FÜR KINDER

Email: info@edition-lunerion.de
www.edition-lunerion.de

Psiana eCom UG
Berumer Str. 44
26844 Jemgum

Vorwort

Ihr Kind verträgt Weizen, Milchprodukte, Soja und /oder Ei nicht und das tägliche Essen wird zum komplizierten Hindernislauf? Ihnen gehen die allergietauglichen Rezeptideen aus? Und am Ende quengelt der Nachwuchs ohnehin nach der verbotenen Pizza? Keine Angst – denn kindertauglich schmackhaftes Schlemmen geht auch mit Unverträglichkeiten und dieses Buch zeigt Ihnen, wie das ganz alltagstauglich klappt.

„Mama, das schmeckt mir nicht!", „Gemüse ist bäh!", „Papa, ich will Chips!": Kinder gesund und vielfältig zu ernähren, ist ohnehin eine knifflige Aufgabe, doch wenn dann noch Allergien ins Spiel kommen, macht sich bei vielen Eltern Verzweiflung breit. Versteckte problematische Zutaten, Angst vor allergischen Reaktionen, magere Rezeptauswahl, widerspenstige Esser und fader Geschmack von Verzicht – doch das geht zum Glück auch anders! Deswegen präsentiert dieses Kochbuch Ihnen eine Riesenauswahl an Leckerschmecker-Hits für Kids, die ganz ohne Ei, Soja, Milchprodukte oder Weizen auskommen und dabei die volle Ladung an Geschmack für kleine Gourmets mitbringen. Die ausgewogenen Gerichte versorgen Ihren Nachwuchs optimal mit wertvollen Nährstoffen und haben für Fleisch-, Fisch- und Veggie-Fans reichlich Schlemmereien in petto.

Guten Appetit!

INHALT

Wissenswertes

Ihr Kind hat nach dem Essen ständig Verdauungsprobleme oder weist Hautausschläge auf, deren Ursache kein Hautarzt finden konnte? Dann könnte es sich um eine Lebensmittelunverträglichkeit handeln.

Lebensmittelunverträglichkeiten sind ein Problem, das immer häufiger bei Kindern auftritt und die Kleinen sowie ihre Eltern vor große Herausforderungen stellt. Plötzlich darf die Lieblingspizza nicht mehr ohne Bedenken gegessen werden oder das morgendliche Frühstücksei wird tabu. Das ist natürlich nicht gerade schön und trifft vor allem bei unseren Kleinsten gerne einmal auf Unverständnis.

Gerade aus diesem Grund ist es wichtig, dass Sie nicht nur abklären lassen, ob es sich wirklich um eine Unverträglichkeit handelt, sondern auch, falls dies wirklich der Fall ist, dafür sorgen, dass Ihr Kind auch versteht, warum es jetzt verzichten muss. Aufklärung ist ein wichtiger Schritt, damit die Kleinen auch lernen, selbst darauf zu achten, dass sie nichts Falsches essen und wissen, wie sie sich im Notfall verhalten müssen, falls doch einmal eine allergische Reaktion auftreten sollte.

Wurde tatsächlich nachgewiesen, dass Ihr Kleiner oder Ihre Kleine eine Lebensmittelallergie hat, ist es Ihre Aufgabe, darauf zu achten, dass das entsprechende Lebensmittel vermieden wird. Dabei ist es wichtig, die Zutatenlisten genau zu studieren, denn manchmal verstecken sich die auslösenden

Stoffe und sind nicht auf den ersten Blick zu erkennen. Vor allem ist es aber ratsam, ausschließlich auf frische Zutaten zurückzugreifen, da Fertiggerichte meist deutlich mehr Allergene enthalten.

Falls Sie sich unsicher sein sollten, wie Sie mit der Lebensmittelunverträglichkeit Ihres Kindes umgehen sollen, ziehen Sie einen Arzt und/oder einen Ernährungsberater hinzu und scheuen Sie nicht davor zurück, alle Fragen zu stellen, die Ihnen im Kopf herumgehen.

Dieses Buch widmet sich den am häufigsten vorkommenden Unverträglichkeiten, nämlich denen, die durch Milchprodukte, Eier, Soja oder Weizen ausgelöst werden. Alle Rezepte, die Sie hier finden, verzichten auf diese Zutaten und bieten Ihnen leckere Alternativen.

ACHTUNG: Einige Rezepte verlangen die Verwendung veganer Ersatzprodukte. Achten Sie bei diesen unbedingt darauf, dass sie nicht auf Soja basieren, sondern beispielsweise auf Mandeln oder anderen Zutaten, die Ihr Kind verträgt.

Hinweis: Bei der Planung einer glutenfreien Ernährung steht die sorgfältige Auswahl der Lebensmittel im Mittelpunkt. Zu den glutenhaltigen Getreidesorten gehören unter anderem Weizen, Gerste, Dinkel, Roggen und handelsüblicher Hafer. Im Gegensatz dazu eignen sich für Menschen mit Zöliakie glutenfreie Alternativen und Mehle wie Mais, Hirse, Buchweizen, Reis, Soja, Quinoa, Amaranth, Kichererbsen und Teff (Zwerghirse). Spezialprodukte, die auf ihren Glutengehalt überprüft werden, sind ebenfalls geeignet. Dazu zählen auch glutenfreie Haferflocken und Müslis, bei denen strenge Maßnahmen von der Aussaat bis zur Abfüllung eingehalten werden, um jegliche Kontamination mit glutenhaltigen Getreiden zu vermeiden.

Frühstück

FRUCHTIGES FRÜHSTÜCK

4 Port. 25 Min. Leicht

Zutaten

250 ml Reismilch
4 EL (glutenfrei zertifizierte) Haferflocken oder auch Quinoa, Buchweizen, Amaranth etc. als Alternative
3 EL Erdmandelflocken
30 g Himbeeren
1 TL Leinöl

Nährwerte p. P.

Brennwert: 472 kcal
Fett: 19 g
Kohlenhydrate: 61 g
Eiweiß: 8 g

1 Kochen Sie die Reismilch in einem Topf auf.

2 Reduzieren Sie die Hitze und geben Sie die Haferflocken und die Erdmandelflocken dazu. Köcheln Sie diese unter ständigem Rühren etwa 3 Minuten lang.

3 Lassen Sie den Brei abkühlen und rühren Sie dann zuerst das Leinöl und anschließend die Himbeeren unter.

Tipp: Auch wenn Blumenkohl und Bohnen eine ungewöhnliche Wahl fürs Frühstück sind, ist dieser Smoothie tatsächlich toll am Morgen oder als sättigender Snack. Das Gemüse und die Hülsenfrüchte schmeckt man überraschend wenig heraus.

VEGANER KAISERSCHMARRN

4 Port.

45 Min.

Leicht

Zutaten

300 g (glutenfrei zertifiziertes) Hafermehl oder auch Kichererbsen- oder Buchweizenmehl
500 ml Reismilch
200 ml Mineralwasser
100 g Rohrohrzucker
1 Vanilleschote
2 TL Backpulver
6 EL vegane Margarine

Nährwerte p. P.

Brennwert: 792 kcal
Fett: 23 g
Kohlenhydrate: 133 g
Eiweiß: 18 g

1 Vermengen Sie das Mehl mit dem Backpulver.

2 Kratzen Sie die Vanilleschote aus und vermengen Sie das Mark mit dem Zucker. Geben Sie die Mischung unter die Zutaten aus Schritt 1.

3 Verrühren Sie die trockenen Zutaten zusammen mit der Reismilch und dem Wasser zu einem glatten Teig.

4 Schmelzen Sie die Margarine in einer Pfanne und braten Sie jeweils einen Teil des Teigs darin an, bis er von beiden Seiten bräunlich wird. Zerkleinern Sie ihn anschließend und servieren Sie ihn mit frischen Früchten oder einem Kompott.

MILCHREIS

2 Port.

45 Min.

Leicht

Zutaten

500 ml Mandeldrink
125 g Milchreis
1 Pck Vanillezucker
2 EL Zucker
1 TL Butter

Nährwerte p. P.

Brennwert: 385 kcal
Fett: 17 g
Kohlenhydrate: 46 g
Eiweiß: 12 g

1 Schmelzen Sie die Butter in einem Topf und schwitzen Sie den Reis kurz darin an.

2 Geben Sie dann den Mandeldrink, den Vanillezucker sowie 1 EL Zucker hinzu und rühren Sie alles gut durch.

3 Lassen Sie alles unter ständigem Rühren kurz aufkochen und lassen Sie den Milchreis dann bei geringer Wärmezufuhr ca. 30 Minuten lang ziehen. Rühren Sie zwischendurch immer mal wieder um.

4 Garnieren Sie den Milchreis mit Zimt, Nüssen oder frischen Früchten.

OVERNIGHT OATS

1 Port.

5 Min.

Leicht

Zutaten

100 ml Mandeldrink
40 g veganer Joghurt
40 g (glutenfrei zertifizierte) Haferflocken oder auch Quinoa, Buchweizen, Amaranth etc. als Alternative
1 EL Leinsamen
1 TL Honig

Nährwerte p. P.

Brennwert: 94 kcal
Fett: 2 g
Kohlenhydrate: 13 g
Eiweiß: 4 g

1 Geben Sie alle Zutaten in ein verschließbares Gefäß, ohne sie miteinander zu verrühren.

2 Stellen Sie das Gefäß über Nacht in den Kühlschrank.

3 Rühren Sie die Overnight Oats am nächsten Morgen gut durch und garnieren Sie sie mit Früchten, Nüssen oder anderen Zutaten.

APFEL-PORRIDGE

 2 Port.
 25 Min.
 Leicht

Zutaten

75 g (glutenfrei zertifizierte) Haferflocken oder auch Quinoa, Buchweizen, Amaranth etc. als Alternative
350 ml Wasser
15 g Rosinen
1 Apfel
1 TL Öl
1 TL Honig
1 TL Zimt

Nährwerte p. P.

Brennwert: 311 kcal
Fett: 9 g
Kohlenhydrate: 49 g
Eiweiß: 9 g

1 Waschen und entkernen Sie den Apfel, bevor Sie ihn in mundgerechte Stücke schneiden.

2 Erhitzen Sie das Öl in einer Pfanne und rösten Sie die Haferflocken ca. 2 Minuten lang darin an.

3 Geben Sie die Äpfel und die Rosinen zu den Haferflocken und gießen Sie sie mit dem Wasser auf.

4 Köcheln Sie den Porridge bei mittlerer Wärmezufuhr unter ständigem Rühren ca. 10 Minuten lang.

5 Teilen Sie den Porridge auf zwei Schalen auf und garnieren Sie ihn mit Honig und Zimt.

HIRSE-FRÜHSTÜCK

2 Port.

25 Min.

Leicht

Zutaten

100 g Hirse
100 g Erdbeeren
100 ml Orangensaft
50 g Brombeeren
40 g Walnüsse (gehackt)
30 g Ahornsirup
20 g Pistazien (gehackt)

Nährwerte p. P.

Brennwert: 792 kcal
Fett: 23 g
Kohlenhydrate: 133 g
Eiweiß: 18 g

1 Kochen Sie den Orangensaft gemeinsam mit dem Ahornsirup auf und geben Sie die die Hirse dazu. Lassen Sie die Hirse ca. 10 Minuten lang köcheln.

2 Waschen Sie die Erdbeeren und die Brombeeren. Halbieren Sie die Erdbeeren und entfernen Sie den Stiel.

3 Teilen Sie die Hirse auf zwei Schalen auf und garnieren Sie sie mit den anderen Zutaten.

POWER-FRÜHSTÜCK

2 Port.

185 Min.

Leicht

Zutaten

250 ml Mandeldrink
50 g Früchte nach Wahl
25 g Chiasamen

Nährwerte p. P.

Brennwert: 157 kcal
Fett: 7 g
Kohlenhydrate: 16 g
Eiweiß: 5 g

1 Verrühren Sie die Chiasamen mit der Mandelmilch. Stellen Sie die Mischung für mindestens 3 Stunden in den Kühlschrank.

2 Verteilen Sie die Früchte auf der Chia-Mischung.

Salate

GEMÜSESALAT

2 Port.

30 Min.

Leicht

Zutaten

250 g Spargel (grün)
200 g Brokkoli
100 ml Gemüsebrühe
60 g Salat-Mischung
4 EL Olivenöl
2 EL Zitronensaft
1 TL Honig

Nährwerte p. P.

Brennwert: 410 kcal
Fett: 30 g
Kohlenhydrate: 14 g
Eiweiß: 16 g

1 Waschen Sie den Spargel und entfernen Sie die holzigen Enden. Schälen Sie den Spargel und schneiden Sie ihn klein.

2 Zerkleinern Sie den Brokkoli.

3 Erhitzen Sie 2 EL Öl in einer Pfanne und dünsten Sie den Spargel mit dem Brokkoli für einige Minuten darin an.

4 Löschen Sie die Zutaten in der Pfanne mit der Gemüsebrühe ab und dünsten Sie alles zusammen für 2 Minuten.

5 Verrühren Sie das verbliebene Öl mit dem Zitronensaft und dem Honig.

6 Vermengen Sie die Brokkoli-Spargel-Mischung mit der Salat-Mischung und geben Sie das Dressing darüber.

HÄHNCHENSALAT

4 Port.

30 Min.

Leicht

Zutaten

300 g Hähnchenbrust
150 g Reis
200 g Erbsen
200 g Himbeeren
100 g Babyspinat
3 EL Olivenöl
2 EL Essig
Pfeffer
Salz

Nährwerte p. P.

Brennwert: 469 kcal
Fett: 13 g
Kohlenhydrate: 58 g
Eiweiß: 33 g

1 Bereiten Sie den Reis nach Packungsanweisung zu und verrühren Sie ihn mit den Erbsen.

2 Braten Sie die Hähnchenbrust in einer Pfanne mit etwas Öl von allen Seiten scharf an und lassen Sie sie danach bei mittlerer Hitze ca. 10 Minuten lang garen.

3 Waschen Sie den Babyspinat und die Himbeeren.

4 Verrühren Sie den Essig mit dem Olivenöl und würzen Sie die Mischung mit Pfeffer und Salz.

5 Schneiden Sie die Hähnchenbrust in Scheiben und vermengen Sie sie mit den anderen Zutaten. Geben Sie das Dressing aus Schritt 4 über den Salat.

THUNFISCH-SALAT

2 Port.

20 Min.

Leicht

Zutaten

100 g Thunfisch
100 g Eisbergsalat
100 g Paprika
100 g Tomaten
100 g Zucchini
3 EL Olivenöl
1 TL Senf
2 TL Apfelessig

Nährwerte p. P.

Brennwert: 312 kcal
Fett: 20 g
Kohlenhydrate: 10 g
Eiweiß: 23 g

1 Waschen Sie den Salat und das Gemüse und schneiden Sie alles klein.

2 Zerkleinern Sie den Thunfisch.

3 Verrühren Sie das Öl mit dem Senf und dem Essig.

4 Vermengen Sie die Zutaten für den Salat miteinander und geben Sie das Dressing darüber.

BUNTER SALAT

4 Port.

15 Min.

Leicht

Zutaten

300 g Kirschen
150 g Salat-Mischung
1 Zwiebel (rot)
2 EL Balsamicoessig
3 TL Öl
1 TL Honig
1 TL Senf

Nährwerte p. P.

Brennwert: 100 kcal
Fett: 4 g
Kohlenhydrate: 16 g
Eiweiß: 2 g

1 Waschen Sie den Salat und die Kirschen. Halbieren und entsteinen Sie die Kirschen.

2 Schälen Sie die Zwiebel und schneiden Sie sie in kleine Würfel.

3 Verrühren Sie den Balsamicoessig mit dem Öl, dem Honig und dem Senf.

4 Vermengen Sie die Salat-Mischung mit der Zwiebel und den Kirschen und geben Sie das Dressing darüber.

QUINOA-SALAT

2 Port.

30 Min.

Leicht

Zutaten

200 g Tomaten
200 g Salatgurke
200 ml Wasser
75 g Quinoa
2 Frühlingszwiebeln

Nährwerte p. P.

Brennwert: 540 kcal
Fett: 33 g
Kohlenhydrate: 35 g
Eiweiß: 21 g

1 Kochen Sie die Quinoa in dem Wasser auf und lassen Sie sie etwa 20 Minuten ziehen, bis die Flüssigkeit aufgesogen wurde.

2 Waschen Sie die Tomaten, die Gurke und die Frühlingszwiebeln und schneiden Sie alles klein.

3 Vermengen Sie alle Zutaten miteinander.

SPARGELSALAT

2 Port.

15 Min.

Leicht

Zutaten

400 g Spargel
60 g Schinken (roh)
50 g Rucola
2 EL Walnussöl
2 EL Orangenmarmelade
Pfeffer
Salz

Nährwerte p. P.

Brennwert: 223 kcal
Fett: 13 g
Kohlenhydrate: 11 g
Eiweiß: 13 g

1 Garen Sie den Spargel ca. 10 Minuten lang in kochendem Salzwasser. Schneiden Sie ihn anschließend klein.

2 Verrühren Sie das Walnussöl mit der Marmelade sowie etwas Pfeffer und Salz.

3 Vermengen Sie den Schinken mit dem Rucola und dem gekochten Spargel und geben Sie das Dressing aus Schritt 2 darüber.

WASSERMELONEN-SALAT

2 Port.

10 Min.

Leicht

Zutaten

400 g Wassermelone
200 g Tomaten
1 veganer Mozzarella
2 EL Olivenöl

Nährwerte p. P.

Brennwert: 312 kcal
Fett: 24 g
Kohlenhydrate: 13 g
Eiweiß: 12 g

1 Waschen Sie die Tomaten und zerkleinern Sie sie mit dem Fruchtfleisch der Wassermelone.

2 Schneiden Sie den Mozzarella in Würfel.

3 Vermengen Sie alle Zutaten miteinander und geben Sie das Olivenöl darüber.

Suppen

BLUMENKOHL-SUPPE

 4 Port.  25 Min.  Leicht

Zutaten

1 Blumenkohl
400 g Kichererbsen
400 ml Kokosmilch
600 ml Gemüsebrühe
1 Zwiebel
2 EL Kokosöl
Pfeffer
Salz
Currypulver

Nährwerte p. P.

Brennwert: 330 kcal
Fett: 23 g
Kohlenhydrate: 17 g
Eiweiß: 9 g

1 Putzen Sie den Blumenkohl und schneiden Sie ihn in Röschen. Zerkleinern Sie auch den Stiel.

2 Spülen Sie die Kichererbsen ab und lassen Sie sie abtropfen. Schälen und zerhacken Sie die Zwiebel.

3 Erhitzen Sie das Öl in einem Topf und braten Sie den Blumenkohl gemeinsam mit den Kichererbsen und der Zwiebel darin an.

4 Löschen Sie die Zutaten im Topf mit der Gemüsebrühe und der Kokosmilch ab und lassen Sie alles zusammen ca. 15 Minuten köcheln.

5 Würzen Sie die Suppe mit den oben aufgezählten Gewürzen und pürieren Sie sie.

WURZELEINTOPF

4 Port.

40 Min.

Leicht

Zutaten

800 ml Gemüsebrühe
300 g Karotten
200 g Süßkartoffeln
150 g Sellerie
2 Zwiebeln (rot)
2 EL Rapsöl
Pfeffer
Salz

Nährwerte p. P.

Brennwert: 317 kcal
Fett: 11 g
Kohlenhydrate: 43 g
Eiweiß: 5 g

1 Schälen und zerhacken Sie die Zwiebeln. Waschen und schneiden Sie das andere Gemüse in mundgerechte Stücke.

2 Erhitzen Sie das Öl in einem Topf und braten Sie die Zwiebel darin an. Geben Sie kurze Zeit später auch die Süßkartoffeln, die Karotten und den Sellerie dazu und schwitzen Sie alles zusammen an.

3 Löschen Sie mit der Gemüsebrühe ab und schmecken Sie den Eintopf mit Pfeffer und Salz ab. Lassen Sie ihn anschließend ca. 15 Minuten bei schwacher Hitze köcheln.

HIMBEER-MELONEN-KALTSCHALE

 2 Port.

 15 Min.

 Leicht

Zutaten

100 g Himbeeren
1 Cantaloupe-Melone
10 g Ingwerwurzel
2 Limetten
2 Stiele Minze

Nährwerte p. P.

Brennwert: 160 kcal
Fett: 1 g
Kohlenhydrate: 34 g
Eiweiß: 3 g

1 Schälen und zerhacken Sie den Ingwer.

2 Waschen Sie die Limetten und reiben Sie die Schale dünn ab. Halbieren Sie die Limetten danach und pressen Sie den Saft aus.

3 Entkernen Sie die Melone und schneiden Sie das Fruchtfleisch in Scheiben.

4 Pürieren Sie alle Zutaten gemeinsam.

5 Stellen Sie die Kaltschale mindestens 30 Minuten lang kalt.

HÜHNERSUPPE

4 Port.

35 Min.

Leicht

Zutaten

200 ml Kokosmilch
200 g Karotten
1 L Hühnerbrühe
80 g Zwiebeln
20 g Butter (vegan)
10 g Ingwer
2 Hähnchenbrustfilets
1 TL Kurkuma (gemahlen)
1 EL Zitronensaft
Pfeffer
Salz

Nährwerte p. P.

Brennwert: 317 kcal
Fett: 17 g
Kohlenhydrate: 14 g
Eiweiß: 21 g

1 Zerhacken Sie die Zwiebel und den Ingwer.

2 Schmelzen Sie die Butter in einem Topf und braten Sie die Zwiebel und den Ingwer darin an.

3 Geben Sie die Hühnerbrühe und die Kokosmilch sowie die Kurkuma dazu und kochen Sie alles zusammen bei mittlerer Hitze ca. 20 Minuten lang.

4 Schälen Sie die Karotten und schneiden Sie sie in kleine, dünne Streifen.

5 Pürieren Sie die Zutaten im Topf und geben Sie anschließend die Möhrenstreifen dazu.

6 Schneiden Sie die Hühnerbrust in kleine Stücke und braten Sie diese in einer Pfanne mit etwas Öl an, bis das Fleisch komplett durch ist.

7 Geben Sie den Zitronensaft und die Hühnerbrust in die Suppe und schmecken Sie sie mit Pfeffer und Salz ab.

FISCHSUPPE

2 Port.

50 Min.

Leicht

Zutaten

300 g Zucchini
200 g Kabeljau
200 g Kartoffeln
800 ml Gemüsebrühe
150 g Karotten
80 ml Kokosdrink
2 EL Zitronensaft

Nährwerte p. P.

Brennwert: 389 kcal
Fett: 19 g
Kohlenhydrate: 27 g
Eiweiß: 25 g

1 Waschen Sie die Zucchini und schälen Sie die Kartoffeln sowie die Karotten. Schneiden Sie die Zutaten in mundgerechte Stücke.

2 Verrühren Sie die Gemüsebrühe mit dem Kokosdrink und kochen Sie beides zusammen auf. Geben Sie dann die Kartoffeln und die Karotten dazu und köcheln Sie alles zusammen etwa 20 Minuten lang.

3 Geben Sie die Zucchini und den Fisch dazu und kochen Sie alles unter ständigem Rühren, bis der Fisch auseinanderfällt.

4 Zerteilen Sie den Fisch vollständig und rühren Sie den Zitronensaft unter.

FRÜHLINGSSUPPE

4 Port.

35 Min.

Leicht

Zutaten

1,5 L Gemüsebrühe
200 g Zuckerschoten
100 g Erbsen
2 Karotten
2 Kartoffeln
3 Frühlingszwiebeln
1 Kohlrabi
Pfeffer
Salz

Nährwerte p. P.

Brennwert: 171 kcal
Fett: 1 g
Kohlenhydrate: 37 g
Eiweiß: 6 g

1 Schälen Sie die Kartoffeln, die Karotten und den Kohlrabi und schneiden Sie diese Zutaten anschließend in Würfel.

2 Waschen Sie die Frühlingszwiebel und schneiden Sie sie in Ringe. Halbieren Sie die Zuckerschoten.

3 Kochen Sie die Gemüsebrühe in einem großen Topf auf und kochen Sie die Karotten und die Kartoffeln etwa 10 Minuten lang.

4 Geben Sie die Kohlrabiwürfel dazu und köcheln Sie alles zusammen für weitere 10 Minuten. Geben Sie nach der Hälfte der Zeit auch die Zuckerschoten und die Erbsen hinzu.

5 Schmecken Sie die Suppe mit Pfeffer und Salz ab.

TOMATENSUPPE

4 Port. 30 Min. Leicht

Zutaten

800 g Tomaten (stückig)
400 ml Gemüsebrühe
100 ml vegane Sahne
2 Zwiebeln
2 Knoblauchzehen
2 TL Oregano
2 TL Tomatenmark
Pfeffer
Salz

Nährwerte p. P.

Brennwert: 376 kcal
Fett: 26 g
Kohlenhydrate: 26 g
Eiweiß: 6 g

1 Schälen und zerhacken Sie die Zwiebeln und den Knoblauch und braten Sie beides zusammen in einem Topf mit etwas Öl an.

2 Geben Sie das Tomatenmark dazu und rösten Sie es für einige Minuten an, bevor Sie die Zutaten mit der Brühe und den stückigen Tomaten ablöschen. Lassen Sie alles zusammen ca. 15 Minuten bei schwacher Hitze köcheln.

3 Schlagen Sie die Sahne halbsteif.

4 Pürieren Sie die Zutaten in dem Topf und heben Sie die Sahne unter. Verrühren Sie die Suppe zum Schluss mit dem Oregano und schmecken Sie sie mit Pfeffer und Salz ab.

Brote & Aufstriche

KÜRBISBROT

6 Port.

135 Min.

Leicht

Zutaten

250 g Hokkaido-Kürbis
160 g Nussmischung
150 g Mandelmehl
30 g Olivenöl
1 Pck Backpulver
6 EL Wasser
2 EL Leinsamen (gemahlen)

Nährwerte p. P.

Brennwert: 203 kcal
Fett: 15 g
Kohlenhydrate: 11 g
Eiweiß: 7 g

1 Vermengen Sie die Leinsamen mit dem Wasser und lassen Sie sie aufquellen.

2 Schälen Sie den Kürbis und zerreiben Sie ihn mit einer Küchenreibe.

3 Heizen Sie Ihren Backofen auf 150 °C Ober-/Unterhitze vor.

4 Vermengen Sie den Kürbis mit den Leinsamen, dem Mandelmehl, dem Backpulver und dem Olivenöl. Heben Sie etwa ⅔ der Nussmischung unter und kneten Sie alles gut durch.

5 Verteilen Sie den Teig in einer Kastenform, die Sie zuvor mit Backpapier ausgelegt haben.

6 Streuen Sie die restlichen Nüsse auf das Brot und backen Sie es ca. 90 Minuten lang. Lassen Sie es vor dem Verzehr mindestens 30 Minuten lang auskühlen.

EIWEIßBROT

6 Port. 45 Min. Leicht

Zutaten

150 g veganer Quark
90 g Leinsamen (geschrotet)
60 ml Wasser
50 g Mandeln (gemahlen)
2 EL Flohsamen
1 EL Reismehl
½ Pck Backpulver

Nährwerte p. P.

Brennwert: 221 kcal
Fett: 16 g
Kohlenhydrate: 5 g
Eiweiß: 10 g

1 Vermengen Sie 40 g Leinsamen mit 60 ml Wasser.

2 Vermengen Sie die verbliebenen Leinsamen mit den gemahlenen Mandeln, den Flohsamen, dem Reismehl und dem Backpulver.

3 Rühren Sie die Leinsamen-Wasser-Mischung und den Quark unter und verkneten Sie alles zu einem glatten Teig.

4 Geben Sie den Teig in eine Backform und backen Sie das Brot im vorgeheizten Backofen bei 170 °C Umluft ca. 35 Minuten lang.

GUACAMOLE

4 Port.

15 Min.

Leicht

Zutaten

1 Avocado
1 Tomate
½ Zwiebel
1 EL Zitronensaft
1 Pr Salz

Nährwerte p. P.

Brennwert: 152 kcal
Fett: 15 g
Kohlenhydrate: 3 g
Eiweiß: 2 g

1 Halbieren Sie die Avocado, entfernen Sie den Kern und trennen Sie das Fruchtfleisch von der Schale. Zerdrücken Sie das Fruchtfleisch und verrühren Sie es mit dem Zitronensaft.

2 Schälen und zerhacken Sie die Zwiebel. Schneiden Sie die Tomaten möglichst klein. Heben Sie beides unter den Aufstrich.

3 Würzen Sie die Guacamole mit Salz.

ERDBEERMARMELADE

5 Port.

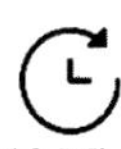
10 Min.

Leicht

Zutaten

325 g Erdbeeren
250 g Reissüße
1 TL Hibiskusblüten (getrocknet)
1 TL Agar-Agar

Nährwerte p. P.

Brennwert: 190 kcal
Fett: 0 g
Kohlenhydrate: 45 g
Eiweiß: 1 g

1 Waschen Sie die Erdbeeren und schneiden Sie sie möglichst klein.

2 Bringen Sie die Erdbeeren gemeinsam mit der Reissüße und den Hibiskusblüten zum Kochen.

3 Rühren Sie das Agar-Agar mit etwas Wasser an und geben Sie die Mischung zu den anderen Zutaten.

4 Füllen Sie die Marmelade in Schraubgläser und verschließen Sie diese sofort.

TOMATENAUFSTRICH

4 Port.

10 Min.

Leicht

Zutaten

200 g Sonnenblumenkerne
40 g Oliven (entsteint)
4 Tomaten
1 EL Tomatenmark
1 TL Zitronensaft

Nährwerte p. P.

Brennwert: 350 kcal
Fett: 28 g
Kohlenhydrate: 9 g
Eiweiß: 12 g

1 Entfernen Sie den Stielansatz der Tomaten und schneiden Sie sie in grobe Würfel.

2 Pürieren Sie die Tomaten mit den Sonnenblumenkernen, dem Tomatenmark und dem Zitronensaft.

3 Schneiden Sie die Oliven so klein wie möglich und heben Sie sie unter den Aufstrich.

VEGANER OBAZDA

4 Port. 15 Min. Leicht

Zutaten

250 g Cashewkerne
50 g vegane Butter (vegan)
1 Zwiebel (rot)
1 EL Paprikapulver
1 Pr Salz
1 Pr Pfeffer (weiß)

Nährwerte p. P.

Brennwert: 364 kcal
Fett: 31 g
Kohlenhydrate: 13 g
Eiweiß: 10 g

1 Weichen Sie die Cashewkerne etwa 4 Stunden lang in lauwarmem Wasser ein.

2 Schälen und zerkleinern Sie die Zwiebel.

3 Gießen Sie die Cashewkerne ab und vermengen Sie sie mit der Butter. Pürieren Sie sie, bevor Sie die verbliebenen Zutaten unterheben.

4 Lassen Sie den Obazda mindestens 2 Stunden lang im Kühlschrank ziehen.

SCHNITTLAUCH-AUFSTRICH

4 Port. 15 Min. Leicht

Zutaten

400 g veganer Joghurt
1 Bund Schnittlauch
½ Zwiebel
1 Pr Salz
1 Pr Pfeffer

Nährwerte p. P.

Brennwert: 86 kcal
Fett: 2 g
Kohlenhydrate: 7 g
Eiweiß: 7 g

1 Waschen Sie den Schnittlauch und schälen Sie die Zwiebel. Schneiden Sie beides möglichst klein.

2 Verrühren Sie den Joghurt mit der Zwiebel und dem Schnittlauch und würzen Sie den Aufstrich mit Pfeffer und Salz.

SCHOKOAUFSTRICH

4 Port.

10 Min.

Leicht

Zutaten

250 g vegane Butter
250 g Erdnussmus
120 g Honig
4 EL Kakaopulver

Nährwerte p. P.

Brennwert: 924 kcal
Fett: 81 g
Kohlenhydrate: 29 g
Eiweiß: 19 g

1 Schmelzen Sie die Butter in einem Topf.

2 Rühren Sie den Erdnussmus, den Honig und das Kakaopulver unter.

3 Lassen Sie den Aufstrich abkühlen.

Hauptspeisen mit Fleisch & Geflügel

PAPRIKA-HACK-PFANNE

4 Port.

30 Min.

Leicht

Zutaten

600 g Hackfleisch
400 g passierte Tomaten
250 g Reis
125 ml Gemüsebrühe
3 Paprika
2 Zwiebeln
1 Knoblauchzehe
2 EL Olivenöl
Pfeffer
Salz

Nährwerte p. P.

Brennwert: 630 kcal
Fett: 39 g
Kohlenhydrate: 33 g
Eiweiß: 35 g

1 Waschen Sie die Paprika und schneiden Sie sie in mundgerechte Stücke. Schälen und zerhacken Sie die Zwiebel und den Knoblauch.

2 Bereiten Sie den Reis nach Packungsanweisung zu.

3 Erhitzen Sie das Öl in einer Pfanne und braten Sie die Zwiebel gemeinsam mit dem Knoblauch darin an, bis die Zwiebel glasig wird.

4 Geben Sie das Hack mit in die Pfanne und braten Sie es ca. 6 Minuten an, bis es komplett durch ist. Geben Sie dann die Paprika dazu.

5 Löschen Sie die Zutaten in der Pfanne mit der Gemüsebrühe und den passierten Tomaten ab und lassen Sie alles zusammen ca. 5 Minuten köcheln.

6 Schmecken Sie die Pfanne mit Pfeffer und Salz ab.

HÄHNCHENSPIEßE

2 Port.

25 Min.

Mittel

Zutaten

250 g Hähnchenbrustfilet
3 EL Senf
2 EL Öl
2 EL Honig
Pfeffer
Salz

Nährwerte p. P.

Brennwert: 261 kcal
Fett: 8 g
Kohlenhydrate: 13 g
Eiweiß: 30 g

1 Schneiden Sie das Fleisch in dünne Scheiben und wickeln Sie diese auf Holzspieße auf.

2 Verrühren Sie den Senf mit dem Honig sowie etwas Pfeffer und Salz. Bestreichen Sie das Fleisch mit dieser Mischung.

3 Erhitzen Sie das Öl in einer Pfanne und braten Sie die Spieße darin von allen Seiten gut an.

ZITRONENHÄHNCHEN AUF QUINOA

2 Port. 45 Min. Leicht

Zutaten

250 g Hähnchenbrust
100 g Kichererbsen
100 g Quinoa
1 Zitrone
Pfeffer
Salz

Nährwerte p. P.

Brennwert: 553 kcal
Fett: 20 g
Kohlenhydrate: 48 g
Eiweiß: 41 g

1 Reiben Sie 1 TL Zitronenschale ab und pressen Sie die Zitrone aus.

2 Waschen Sie das Hähnchen und tupfen Sie es trocken. Geben Sie es anschließend mit dem Zitronensaft sowie etwas Pfeffer und Salz in ein geschlossenes Gefäß und schütteln Sie es gut durch. Stellen Sie es anschließend für mindestens 20 Minuten in den Kühlschrank.

3 Garen Sie die Quinoa nach Packungsanweisung und vermengen Sie sie mit den Kichererbsen.

4 Braten Sie die Hähnchenbrust in einer Pfanne mit etwas Öl bei mittlerer Stufe von allen Seiten ca. 5 Minuten lang an, bis es durch ist.

5 Legen Sie das fertige Hähnchen auf die Quinoa.

INGWER-SCHWEINESTEAKS

 4 Port.
 25 Min.
 Leicht

Zutaten

4 Schweinesteaks
500 g Baby-Pak-Choi
200 g Reis-Bandnudeln
75 g Ingwerkonfitüre
1 Knoblauchzehe
3 EL Wasser
2 EL Öl
Pfeffer
Salz

Nährwerte p. P.

Brennwert: 490 kcal
Fett: 20 g
Kohlenhydrate: 29 g
Eiweiß: 49 g

1 Putzen Sie den Pak Choi und halbieren Sie ihn längs.

2 Erhitzen Sie das Öl in einer Pfanne und braten Sie die Steaks von beiden Seiten ca. 3 Minuten lang an. Würzen Sie sie anschließend mit Pfeffer und Salz.

3 Schälen und zerhacken Sie den Knoblauch.

4 Kochen Sie Salzwasser auf und garen Sie den Pak Choi 2 Minuten lang darin, bevor Sie die Nudeln für weitere 5 Minuten hinzugeben.

5 Verrühren Sie die Konfitüre mit dem Knoblauch und dem Wasser und geben Sie die Soße auf die Steaks.

6 Servieren Sie die Steaks zusammen mit den Nudeln und dem Pak Choi.

RINDERGULASCH

2 Port.

25 Min.

Mittel

Zutaten

600 g Rindfleisch
250 g Zwiebeln
200 ml Fleischbrühe
2 Knoblauchzehen
1 EL Tomatenmark
1 TL Paprikapulver
Pfeffer
Salz

Nährwerte p. P.

Brennwert: 495 kcal
Fett: 20 g
Kohlenhydrate: 11 g
Eiweiß: 65 g

1 Schneiden Sie das Fleisch in mundgerechte Würfel.

2 Schälen Sie die Zwiebeln und den Knoblauch. Schneiden Sie beides in dünne Scheiben.

3 Erhitzen Sie etwas Öl in einem Topf und schwitzen Sie die Zwiebel und den Knoblauch darin an, bis sie leicht bräunlich werden.

4 Geben Sie das Fleisch dazu und braten Sie es ca. 5 Minuten mit an. Würzen Sie die Zutaten mit Paprikapulver, Pfeffer und Salz.

5 Löschen Sie die Zutaten im Topf mit der Brühe ab und lassen Sie sie ca. 2 Stunden bei schwacher Hitze schmoren. Decken Sie den Topf dafür mit einem Deckel ab.

6 Rühren Sie das Tomatenmark unter und würzen Sie das Gulasch bei Bedarf noch einmal nach.

KAROTTENAUFLAUF

4 Port.

30 Min.

Leicht

Zutaten

400 g Karotten
150 ml Gemüsebrühe
100 g Speckstreifen
1 Zwiebel (rot)
100 g veganer Käse (gerieben)
1 EL Petersilie (gehackt)
Pfeffer
Salz

Nährwerte p. P.

Brennwert: 225 kcal
Fett: 16 g
Kohlenhydrate: 14 g
Eiweiß: 8 g

1 Heizen Sie Ihren Backofen auf 180 °C Ober-/Unterhitze vor.

2 Schälen Sie die Karotten und die Zwiebel und schneiden Sie beides klein.

3 Braten Sie die Zwiebel gemeinsam mit dem Speck in einer Pfanne mit etwas Öl an.

4 Geben Sie nach einigen Minuten die Karotten hinzu und braten Sie sie für ca. 2 Minuten mit an.

5 Löschen Sie die Zutaten in der Pfanne mit der Gemüsebrühe ab und rühren Sie die Petersilie unter. Lassen Sie alles zusammen bei mittlerer Wärmezufuhr ca. 10 Minuten lang köcheln und würzen Sie die Mischung mit Pfeffer und Salz.

6 Geben Sie die Zutaten aus der Pfanne in eine Auflaufform und streuen Sie den Käse darüber.

7 Überbacken Sie den Auflauf etwa 10 Minuten lang.

SCHNITZELTOPF

4 Port.

35 Min.

Leicht

Zutaten

500 g Minutensteaks
200 g Champignons
150 g veganer Frischkäse
650 ml Gemüsebrühe
2 Paprika
1 Zwiebel
2 EL Tomatenmark
1 EL Petersilie (gehackt)
Pfeffer
Salz

Nährwerte p. P.

Brennwert: 573 kcal
Fett: 19 g
Kohlenhydrate: 57 g
Eiweiß: 43 g

1 Schälen und würfeln Sie die Zwiebel. Waschen Sie die Paprika und schneiden Sie sie in mundgerechte Stücke.

2 Putzen und halbieren Sie die Champignons. Schneiden Sie die Steaks in Streifen.

3 Braten Sie das Fleisch in einem Topf mit etwas Öl kräftig von allen Seiten an, bis es komplett durch ist. Geben Sie dann die Zwiebel hinzu und braten Sie diese, bis sie glasig wird.

4 Löschen Sie die Zutaten im Topf mit der Gemüsebrühe ab und rühren Sie das Tomatenmark unter.

5 Geben Sie die Champignons und die Paprika hinzu und köcheln Sie alles zusammen für ca. 20 Minuten.

6 Rühren Sie den Frischkäse und die Petersilie unter und würzen Sie den Schnitzeltopf mit Pfeffer und Salz. Lassen Sie ihn anschließend für weitere 5 Minuten köcheln.

APRIKOSEN-KNOBLAUCH-HÄHNCHEN

4 Port.

25 Min.

Leicht

Zutaten

4 Hähnchenfilets
4 EL Olivenöl
2 Knoblauchzehen
2 EL Aprikosenkonfitüre

Nährwerte p. P.

Brennwert: 490 kcal
Fett: 20 g
Kohlenhydrate: 29 g
Eiweiß: 49 g

1 Erhitzen Sie das Öl in einer Pfanne und braten Sie das Fleisch darin von allen Seiten an, bis es gar ist.

2 Schälen und zerhacken Sie den Knoblauch. Verrühren Sie ihn anschließend mit der Konfitüre.

3 Streichen Sie das Fleisch mit der Mischung aus Schritt 2 ein und legen Sie es in eine Auflaufform.

4 Backen Sie das Fleisch im vorgeheizten Backofen bei 175 °C Umluft ca. 7 Minuten lang.

WÜRSTCHENGULASCH

4 Port.

35 Min.

Leicht

Zutaten

600 g Würstchen
400 g Tomaten (gehackt)
300 ml Rinderbrühe
50 g Speckwürfel
1 Zwiebel
1 Paprika
1 EL Petersilie (gehackt)
1 TL Paprikapulver
Pfeffer
Salz

Nährwerte p. P.

Brennwert: 523 kcal
Fett: 43 g
Kohlenhydrate: 14 g
Eiweiß: 22 g

1 Schneiden Sie die Würstchen in Scheiben. Schälen und zerhacken Sie die Zwiebel und schneiden Sie die Paprika in Würfel.

2 Erhitzen Sie etwas Öl in einem Topf und braten Sie die Zwiebel und den Speck darin für ca. 2 Minuten an. Geben Sie dann die Würstchen und die Paprika hinzu und braten Sie alles für weitere 2 Minuten.

3 Löschen Sie die Zutaten in der Pfanne mit der Rinderbrühe ab und rühren Sie die Tomaten unter.

4 Rühren Sie die Petersilie und das Paprikapulver unter und schmecken Sie das Gulasch mit Pfeffer und Salz ab.

5 Lassen Sie das Gulasch 20 Minuten lang köcheln.

Hauptspeisen mit Fisch & Meeresfrüchten

FISCHFRIKADELLEN

2 Port.

25 Min.

Mittel

Zutaten

150 g Thunfisch im eigenen Saft
1 Frühlingszwiebel
3 getrocknete Tomaten
2 EL Öl
3 EL Paniermehl
Pfeffer
Salz

Nährwerte p. P.

Brennwert: 260 kcal
Fett: 11 g
Kohlenhydrate: 14 g
Eiweiß: 25 g

1 Zerhacken Sie die getrockneten Tomaten. Waschen und zerkleinern Sie die Frühlingszwiebel.

2 Verkneten Sie den Fisch mit den Zwiebeln und den Tomaten zu einer Masse, die Sie mit Pfeffer und Salz abschmecken.

3 Formen Sie die Masse zu gleich großen Frikadellen und wenden Sie diese in dem Paniermehl.

4 Erhitzen Sie das Öl bei schwacher Hitze in einer Pfanne und braten Sie die Frikadellen ca. 3 Minuten lang von jeder Seite.

THUNFISCHSTEAKS

4 Port.

20 Min.

Leicht

Zutaten

4 Thunfischsteaks
½ Salatgurke
100 g Rucola
3 EL Zitronensaft
3 EL Olivenöl
Pfeffer
Salz

Nährwerte p. P.

Brennwert: 410 kcal
Fett: 27 g
Kohlenhydrate: 7 g
Eiweiß: 35 g

1 Waschen Sie die Gurke und den Rucola und schneiden Sie Ersteres klein.

2 Erhitzen Sie das Öl in einer Pfanne und braten Sie den Fisch darin von allen Seiten an. Würzen Sie ihn danach mit Pfeffer, Salz und dem Zitronensaft.

3 Verteilen Sie die Gurke und den Rucola auf vier Tellern und legen Sie je ein Thunfischsteak darauf.

MAKRELEN-ZITRONEN-GLASNUDELN

4 Port. 20 Min. Leicht

Zutaten

500 g Glasnudeln
250 g vegane Sahne
200 g Makrele (geräuchert)
2 Frühlingszwiebeln
1 Zitrone
Salz
Pfeffer

Nährwerte p. P.

Brennwert: 663 kcal
Fett: 13 g
Kohlenhydrate: 111 g
Eiweiß: 12 g

1 Häuten Sie die Makrele und ziehen Sie die Gräten heraus. Zerpflücken Sie sie anschließend in kleine Stücke.

2 Waschen Sie die Zitrone heiß ab und reiben Sie die Schale ab. Pressen Sie anschließend den Saft aus.

3 Waschen und zerkleinern Sie die Frühlingszwiebeln.

4 Garen Sie die Nudeln für einige Minuten in kochendem Salzwasser.

5 Rösten Sie die Frühlingszwiebeln gemeinsam mit der Zitronenschale in einer Pfanne mit etwas Öl an.

6 Geben Sie die Sahne dazu und kochen Sie sie ein. Schmecken Sie sie mit dem Zitronensaft sowie Pfeffer und Salz ab.

7 Verrühren Sie die fertigen Nudeln mit dem Fisch und der Soße.

FISCHPFANNE

 4 Port.
 20 Min.
 Leicht

Zutaten

500 g Kabeljau
250 ml Kokosdrink
250 g Süßkartoffeln
200 g Zucchini
2 EL Rapsöl
Pfeffer
Salz

Nährwerte p. P.

Brennwert: 250 kcal
Fett: 7 g
Kohlenhydrate: 18 g
Eiweiß: 27 g

1 Schälen Sie die Süßkartoffeln und schneiden Sie sie gemeinsam mit der Zucchini in mundgerechte Stücke.

2 Braten Sie die Kartoffeln und die Zucchini in einer Pfanne mit dem Rapsöl an.

3 Würzen Sie den Kokosdrink mit Pfeffer und Salz und geben Sie ihn zu den Zutaten in der Pfanne. Lassen Sie alles zusammen ca. 5 Minuten lang köcheln.

4 Schneiden Sie in der Zwischenzeit den Fisch in Würfel und geben Sie ihn mit in die Pfanne.

5 Garen Sie alles zusammen für weitere 5 Minuten und lassen Sie es so lange köcheln, bis die Flüssigkeit beinahe vollkommen verdampft ist.

FISCHFILET AUF TOMATEN

4 Port.

30 Min.

Leicht

Zutaten

4 Fischfilets
2 Frühlingszwiebeln
2 Knoblauchzehen
500 g Tomaten
½ Bund Oregano
4 EL Olivenöl
Pfeffer
Salz

Nährwerte p. P.

Brennwert: 316 kcal
Fett: 21 g
Kohlenhydrate: 7 g
Eiweiß: 23 g

1 Heizen Sie Ihren Backofen auf 180 °C Umluft vor.

2 Waschen Sie die Tomaten und schneiden Sie sie in dünne Scheiben.

3 Schälen und zerhacken Sie den Knoblauch und die Oreganoblättchen.

4 Waschen Sie die Frühlingszwiebeln und schneiden Sie sie in Ringe.

5 Vermengen Sie die Frühlingszwiebeln mit dem Knoblauch, dem Oregano und dem Öl.

6 Waschen Sie die Fischfilets und tupfen Sie sie trocken. Würzen Sie sie anschließend mit Pfeffer und Salz.

7 Belegen Sie den Boden einer Auflaufform mit der Hälfte der Tomaten. Legen Sie dann den Fisch darauf und bedecken Sie ihn mit den verbliebenen Tomaten.

8 Geben Sie die Ölmischung über die oberste Schicht und garen Sie den Fisch ca. 15 Minuten lang.

SUSHI-BOWL

4 Port.

30 Min.

Leicht

Zutaten

400 g Lachsfilet
250 g Sushi-Reis
1 Salatgurke
2 Avocados
4 EL Reisessig
2 EL Rapsöl
2 EL Limettensaft
2 EL brauner Zucker

Nährwerte p. P.

Brennwert: 560 kcal
Fett: 22 g
Kohlenhydrate: 63 g
Eiweiß: 27 g

1 Bereiten Sie den Reis nach Packungsanweisung zu.

2 Vermengen Sie den Reis mit 2 EL Reisessig und stellen Sie ihn abgedeckt beiseite.

3 Waschen Sie den Lachs und die Gurke und schneiden Sie beides in Würfel.

4 Halbieren Sie die Avocados, entfernen Sie den Kern und schneiden Sie das Fruchtfleisch in Spalten.

5 Verrühren Sie den verbliebenen Reisessig mit dem Rapsöl, dem Limettensaft und dem braunen Zucker.

6 Richten Sie den Reis, den Fisch und das Gemüse in einer Schale an und verteilen Sie das Dressing darauf.

OFENFISCH

2 Port.

40 Min.

Leicht

Zutaten

500 g Fischfilet
50 g vegane Butter
2 EL Zitronensaft
1 Knoblauchzehe
1 Handvoll Basilikumblätter
Pfeffer
Salz

Nährwerte p. P.

Brennwert: 680 kcal
Fett: 50 g
Kohlenhydrate: 4 g
Eiweiß: 53 g

1 Heizen Sie Ihren Backofen auf 160 °C Umluft vor.

2 Zerhacken Sie die Basilikumblätter und schälen und zerhacken Sie den Knoblauch.

3 Verrühren Sie die Butter mit dem Knoblauch und dem Basilikum.

4 Würzen Sie den Fisch mit Pfeffer, Salz und Zitronensaft und geben Sie ihn in eine Auflaufform.

5 Verteilen Sie die Butter auf dem Fisch und schmoren Sie ihn ca. 10 Minuten lang.

Vegane Hauptspeisen

GRILLSPIEßE

4 Port.

10 Min.

Leicht

Zutaten

100 g Champignons
1 Zwiebel (rot)
1 Paprika (rot)
1 Paprika (gelb)
1 Zucchini
2 TL Olivenöl
Pfeffer
Salz
Thymian

Nährwerte p. P.

Brennwert: 130 kcal
Fett: 5 g
Kohlenhydrate: 13 g
Eiweiß: 5 g

1 Waschen Sie das Gemüse und schneiden Sie es in grobe Stücke.

2 Zerhacken Sie den Thymian.

3 Verrühren Sie das Öl mit dem Thymian sowie etwas Pfeffer und Salz. Legen Sie das Gemüse etwa 30 Minuten lang in diese Mischung.

4 Verteilen Sie das Gemüse gleichzeitig auf mehrere Spieße.

5 Grillen Sie die Spieße ca. 15 Minuten lang.

KARTOFFELGULASCH

4 Port. 45 Min. Leicht

Zutaten

1 kg Kartoffeln (festkochend)
1 L Gemüsebrühe
4 Zwiebeln
2 Knoblauchzehen
2 Paprika (rot)
4 EL Tomatenmark
2 EL Olivenöl
4 TL Paprikapulver
Pfeffer
Salz

Nährwerte p. P.

Brennwert: 336 kcal
Fett: 6 g
Kohlenhydrate: 64 g
Eiweiß: 9 g

1 Schälen und zerhacken Sie die Zwiebeln und den Knoblauch. Waschen Sie die Paprika, entfernen Sie die Kerngehäuse und schneiden Sie sie in mundgerechte Stücke.

2 Schälen Sie die Kartoffeln und schneiden Sie sie in mundgerechte Stücke.

3 Erhitzen Sie das Öl in einem Topf und dünsten Sie die Zwiebeln und den Knoblauch darin an, bis Erstere glasig werden.

4 Geben Sie dann die Kartoffeln und das Tomatenmark dazu und braten Sie alles zusammen an.

5 Löschen Sie die Zutaten im Topf mit der Gemüsebrühe ab und geben Sie das Paprikapulver sowie etwas Pfeffer und Salz hinzu. Lassen Sie alles zusammen 15 Minuten köcheln, bevor Sie die Paprika dazugeben und das Gulasch für weitere 5 Minuten köcheln lassen.

GEMÜSEPASTA

4 Port.

30 Min.

Leicht

Zutaten

400 g Vollkornspaghetti aus Buchweizen
400 g Champignons
200 g Zuckerschoten
2 EL Sesamöl
1 Zwiebel (rot)
Pfeffer
Salz

Nährwerte p. P.

Brennwert: 484 kcal
Fett: 13 g
Kohlenhydrate: 69 g
Eiweiß: 22 g

1 Waschen Sie die Zuckerschoten und schneiden Sie sie in Streifen. Geben Sie sie anschließend für etwa 5 Minuten in kochendes Salzwasser.

2 Putzen Sie die Champignons und schneiden Sie sie in Scheiben. Schälen und zerhacken Sie die Zwiebel.

3 Kochen Sie die Spaghetti nach Packungsanweisung, bis sie die gewünschte Bissfestigkeit erreicht haben.

4 Erhitzen Sie das Öl in einer großen Pfanne und schwitzen Sie die Zwiebel darin ca. 3 Minuten lang an. Geben Sie dann die Pilze und die Zuckerschoten hinzu und dünsten Sie diese für weitere 3 Minuten mit.

5 Vermengen Sie die Spaghetti mit den anderen Zutaten und schmecken Sie sie mit Pfeffer und Salz ab.

LINSEN-PORRIDGE

2 Port.

10 Min.

Leicht

Zutaten

200 g Linsen (rot)
600 ml Wasser
8 EL (glutenfrei zertifizierte) Haferflocken oder auch Quinoa, Buchweizen, Amaranth etc. als Alternative
4 TL Kurkuma
1 Pr Salz

Nährwerte p. P.

Brennwert: 711 kcal
Fett: 23 g
Kohlenhydrate: 89 g
Eiweiß: 36 g

1 Kochen Sie das Wasser in einem Topf auf.

2 Rühren Sie die Linsen und die Haferflocken unter.

3 Geben Sie kurze Zeit später auch das Salz und die Kurkuma dazu.

4 Köcheln Sie den Porridge etwa 8 Minuten lang.

Tipp: Servieren Sie den Porridge mit Gemüse.

REIS-BOWL

 4 Port.  45 Min.  Leicht

Zutaten

300 g Karotten
150 g Vollkornreis
100 ml Gemüsebrühe
80 g Erdnüsse
60 g Erdnussmus
40 g Kokoscreme
1 Avocado
2 EL Limettensaft
Pfeffer
Salz

Nährwerte p. P.

Brennwert: 618 kcal
Fett: 37 g
Kohlenhydrate: 45 g
Eiweiß: 26 g

1 Garen Sie den Reis nach Packungsanweisung und lassen Sie ihn anschließend abkühlen.

2 Kochen Sie die Gemüsebrühe mit der Kokoscreme auf und rühren Sie das Erdnussmus unter.

3 Würzen Sie die Soße mit Pfeffer und Salz und rühren Sie den Limettensaft unter.

4 Rösten Sie die Erdnüsse in einer Pfanne ohne Öl an.

5 Schälen Sie die Möhren und schneiden Sie sie gemeinsam mit dem Fruchtfleisch der Avocado in mundgerechte Stücke.

6 Richten Sie alle Zutaten schön an und beträufeln Sie die Bowl mit der Soße.

BROKKOLI-LAUCH-CURRY

4 Port.

25 Min.

Leicht

Zutaten

400 g Brokkoli
400 ml Kokosmilch
250 ml Gemüsefond
150 g Lauch
150 g Reis
30 g Ingwer
1 Zwiebel
1 Knoblauchzehe
1 EL Currypulver
1 EL Kokosöl
Pfeffer
Salz

Nährwerte p. P.

Brennwert: 472 kcal
Fett: 27 g
Kohlenhydrate: 41 g
Eiweiß: 10 g

1 Schälen Sie die Zwiebel, den Ingwer und den Knoblauch. Schneiden Sie die Zwiebel in Spalten und den Knoblauch sowie den Ingwer in kleine Stückchen.

2 Waschen Sie den Brokkoli und den Lauch und zerkleinern Sie beides.

3 Garen Sie den Reis nach Packungsanweisung.

4 Erhitzen Sie das Kokosöl in einem Topf und braten Sie die Zwiebel, den Ingwer und den Knoblauch darin an. Geben Sie nach ca. 5 Minuten das Currypulver und das Tomatenmark hinzu und rösten Sie beides für ca. 1 Minute mit an.

5 Löschen Sie die Zutaten im Topf mit dem Fond und der Kokosmilch ab und geben Sie das Gemüse hinzu. Lassen Sie alles zusammen aufkochen und anschließend bei mittlerer Hitze 5 Minuten lang köcheln.

6 Schmecken Sie das Curry mit Pfeffer und Salz ab.

Tipp: Wenn Ihr Kind nicht so gerne scharf isst, lassen Sie den Ingwer weg.

KÜRBIS-SPINAT-GEMÜSE

4 Port. 40 Min. Leicht

Zutaten

600 g Hokkaido-Kürbis
250 g Kichererbsen
200 ml Gemüsebrühe
150 g Spinat
60 g Walnüsse
1 Zwiebel
Pfeffer
Salz

Nährwerte p. P.

Brennwert: 302 kcal
Fett: 20 g
Kohlenhydrate: 20 g
Eiweiß: 10 g

1 Waschen Sie den Kürbis, entfernen Sie die Kerne und schneiden Sie ihn in Würfel.

2 Schälen und zerhacken Sie die Zwiebel.

3 Erhitzen Sie etwas Öl in einer Pfanne und dünsten Sie die Zwiebel darin an, bis sie glasig wird. Geben Sie anschließend den Kürbis hinzu und dünsten Sie ihn für ca. 10 Minuten mit.

4 Waschen Sie den Spinat und lassen Sie die Kichererbsen abtropfen.

5 Zerhacken Sie die Nüsse grob.

6 Gießen Sie die Zutaten in der Pfanne mit der Gemüsebrühe auf und würzen Sie sie mit Pfeffer und Salz. Lassen Sie sie bei kleiner Hitze ca. 10 Minuten lang köcheln.

7 Rühren Sie die Kichererbsen und den Spinat unter und lassen Sie alles zusammen 3 Minuten lang garen.

8 Streuen Sie die Nüsse über das fertige Gericht.

Fingerfood, Beilagen & Snacks

KARTOFFELKNÖDEL

4 Port. 75 Min. Leicht

Zutaten

500 g Kartoffeln (mehligkochend)
100 g Kartoffelstärke
25 g Mandelmehl
25 g vegane Butter
1 TL Salz

Nährwerte p. P.

Brennwert: 305 kcal
Fett: 3 g
Kohlenhydrate: 56 g
Eiweiß: 3 g

1 Kochen Sie die Kartoffeln in ausreichend kaltem Wasser auf und lassen Sie sie ca. 30 Minuten lang köcheln. Lassen Sie sie anschließend abkühlen und schälen Sie sie.

2 Geben Sie die Kartoffeln durch eine Kartoffelpresse oder zerstampfen Sie sie.

3 Vermengen Sie die Kartoffeln mit der Stärke, der Butter und dem Mehl und rühren Sie auch das Salz unter.

4 Kneten Sie den Teig gut durch und formen Sie ihn zu gleichmäßigen Bällen.

5 Geben Sie die Knödel in kochendes Salzwasser und köcheln Sie sie bei kleiner Hitze unter ständigem Rühren. Die Knödel sind fertig, sobald sie an der Wasseroberfläche schwimmen. Je nach Größe kann die Garzeit variieren.

GLASNUDELN

2 Port.

20 Min.

Leicht

Zutaten

600 ml Wasser (kalt)
200 g Mungbohnen-Stärke

Nährwerte p. P.

Brennwert: 188 kcal
Fett: 10 g
Kohlenhydrate: 17 g
Eiweiß: 6 g

1 Bringen Sie 400 ml Wasser zum Kochen.

2 Vermengen Sie das restliche Wasser mit der Stärke.

3 Geben Sie das kalte Wasser mit der Stärke nach und nach unter stetigem Rühren in das kochende Wasser und kochen Sie die Masse so lange, bis sie durchsichtig und dickflüssig wird.

4 Geben Sie die Masse auf ein Backblech und streichen Sie sie dünn und gleichmäßig aus.

5 Stellen Sie den Teig für mindestens 30 Minuten in den Kühlschrank und schneiden Sie ihn danach in dünne Streifen.

6 Geben Sie die Nudeln vor dem Verzehr für ca. 1 - 2 Minuten in kochendes Salzwasser.

MÜSLIRIEGEL

7 Port. 55 Min. Leicht

Zutaten

125 ml vegane Sahne
100 g Rohrohrzucker
50 g vegane Margarine
50 g Aprikosen
50 g Kokosraspeln
30 g (glutenfrei zertifizierte) Haferflocken oder auch Quinoa, Buchweizen, Amaranth etc. als Alternative
30 g Cashewkerne
20 g Agavendicksaft

Nährwerte p. P.

Brennwert: 150 kcal
Fett: 8 g
Kohlenhydrate: 15 g
Eiweiß: 2 g

1 Vermengen Sie die Haferflocken mit den Kokosraspeln. Zerkleinern Sie die Aprikosen und die Cashewkerne und heben Sie sie unter.

2 Karamellisieren Sie den Zucker gemeinsam mit dem Agavendicksaft und der Margarine, bis alles eine hellbraune Färbung annimmt.

3 Geben Sie die Sahne sowie die Mischung aus Schritt 1 mit in den Topf und köcheln Sie alles zusammen unter ständigem Rühren, bis eine gebundene Masse daraus entsteht.

4 Heizen Sie Ihren Backofen auf 160 °C Umluft vor.

5 Legen Sie eine Backform mit Backpapier aus und verteilen Sie die Müslimasse gleichmäßig darin.

6 Backen Sie die Masse ca. 20 Minuten lang und schneiden Sie sie anschließend in Riegel.

FRISCHE POMMES

4 Port.

50 Min.

Leicht

Zutaten

600 g Kartoffeln
1 EL Olivenöl
1 TL Paprikapulver
7 Stiele Thymian
Salz

Nährwerte p. P.

Brennwert: 117 kcal
Fett: 3 g
Kohlenhydrate: 19 g
Eiweiß: 2 g

1 Heizen Sie Ihren Backofen auf 200 °C Umluft vor.

2 Schälen Sie die Kartoffeln und schneiden Sie sie in ca. 1 cm dünne Stifte.

3 Zupfen Sie die Blätter vom Thymian ab und vermengen Sie sie mit dem Paprikapulver und dem Olivenöl. Vermengen Sie diese Mischung mit den Kartoffelstiften.

4 Geben Sie die Stifte auf ein Backblech und salzen Sie sie kräftig.

5 Backen Sie die Pommes ca. 25 Minuten lang, bis sie goldbraun werden.

ZUCCHINI-PIZZEN

4 Port. 25 Min. Leicht

Zutaten

3 Zucchini
200 g Tomatensoße
100 g veganer Käse (gerieben)
2 Mini-Salamis
1 EL italienische Kräuter
1 EL Olivenöl
Pfeffer
Salz

Nährwerte p. P.

Brennwert: 233 kcal
Fett: 13 g
Kohlenhydrate: 16 g
Eiweiß: 16 g

1 Schneiden Sie die Zucchini und die Salami in Scheiben.

2 Erhitzen Sie das Öl in einer Pfanne und braten Sie die Zucchinischeiben darin von allen Seiten für ca. 1 Minute an. Würzen Sie sie anschließend mit Pfeffer und Salz.

3 Heizen Sie Ihren Backofen auf 180 °C Ober-/Unterhitze vor.

4 Verrühren Sie die Soße mit den Kräutern und verteilen Sie sie auf den Zucchinischeiben.

5 Belegen Sie die Zucchinischeiben mit der Salami und streuen Sie anschließend den Käse darüber.

6 Überbacken Sie die Zucchini-Pizzen ca. 5 Minuten lang.

FRUCHTIGES POPCORN

4 Port.

20 Min.

Leicht

Zutaten

500 g Maiskörner
25 g Himbeeren (gefriergetrocknet)
2 EL Limettensaft
1 TL Rapsöl

Nährwerte p. P.

Brennwert: 114 kcal
Fett: 3 g
Kohlenhydrate: 16 g
Eiweiß: 4 g

1 Erhitzen Sie das Öl in einem Topf und geben Sie die Maiskörner hinzu. Sie sollten gleichmäßig auf dem Boden verteilt sein und möglichst nicht übereinanderliegen.

2 Lassen Sie das Popcorn aufpoppen und schütteln Sie den Topf zwischendurch immer wieder, damit nichts anbrennt.

3 Zerkleinern Sie die Himbeeren, bis sie beinahe komplett pulverisiert sind.

4 Nehmen Sie das Popcorn vom Herd, sobald die Poppgeräusche unregelmäßiger werden, und lassen Sie es kurz auskühlen.

5 Vermengen Sie das Popcorn mit dem Limettensaft und den Himbeeren.

LIEBESÄPFEL

2 Port.

20 Min.

Leicht

Zutaten

2 Äpfel
200 g Zucker
½ Zitrone
2 EL Wasser

Nährwerte p. P.

Brennwert: 503 kcal
Fett: 0 g
Kohlenhydrate: 131 g
Eiweiß: 1 g

1 Waschen und trocknen Sie die Äpfel. Stecken Sie je einen Holzstab mittig durch die Äpfel.

2 Pressen Sie den Saft aus der Zitrone.

3 Erhitzen Sie den Zucker gemeinsam mit dem Wasser und 1 TL Zitronensaft in einem Topf. Halten Sie die Wärmezufuhr dabei möglichst niedrig und rühren Sie ständig durch, damit sich der Zucker gleichmäßig auflöst.

4 Ziehen Sie den Topf vom Herd, sobald der Zucker sich zu einem Sirup gelöst hat und dieser klar wird.

5 Tauchen Sie die Äpfel in den Sirup und wenden Sie sie darin.

6 Lassen Sie die fertigen Äpfel abkühlen.

KICHERERBSEN-CHIPS

5 Port. 20 Min. Leicht

Zutaten

500 ml Wasser (lauwarm)
150 g Kichererbsenmehl
4 EL Rapsöl
½ TL Salz

Nährwerte p. P.

Brennwert: 188 kcal
Fett: 10 g
Kohlenhydrate: 17 g
Eiweiß: 6 g

1 Rühren Sie das Mehl langsam in das Wasser ein.

2 Geben Sie das Salz hinzu und verrühren Sie alles gut miteinander.

3 Lassen Sie die Masse ca. 2 Stunden ruhen.

4 Heizen Sie Ihren Backofen auf 250 °C Ober-/Unterhitze vor.

5 Bestreichen Sie ein Backblech mit dem Öl und verteilen Sie den Teig hauchdünn darauf.

6 Backen Sie die Chips ca. 15 Minuten lang und zerbrechen Sie sie anschließend.

Tipp: Was die Gewürze angeht, können Sie Ihrer Kreativität hier freien Lauf lassen!

ENERGIEBÄLLE

5 Port.

10 Min.

Leicht

Zutaten

150 g (glutenfrei zertifizierte) Haferflocken oder auch Quinoa, Buchweizen, Amaranth etc. als Alternative
120 g Himbeeren
80 g Cashewkerne
5 EL Kokosraspeln
4 EL Kokosöl

Nährwerte p. P.

Brennwert: 108 kcal
Fett: 7 g
Kohlenhydrate: 8 g
Eiweiß: 3 g

1 Schmelzen Sie das Kokosöl in einem Topf.

2 Mahlen Sie die Haferflocken und die Cashewkerne.

3 Pürieren Sie die Himbeeren und vermischen Sie sie mit dem Haferflocken-Cashew-Pulver und dem Kokosöl.

4 Formen Sie die Masse zu gleichmäßigen Bällen und bestreuen Sie diese mit den Kokosraspeln.

FRUCHTRIEGEL

8 Port.

15 Min.

Leicht

Zutaten

100 g Datteln
50 g Walnusskerne
50 g Pflaumen (getrocknet)
50 g Aprikosen (getrocknet)
25 g Mandeln
25 g Haselnusskerne
8 Oblaten

Nährwerte p. P.

Brennwert: 503 kcal
Fett: 0 g
Kohlenhydrate: 131 g
Eiweiß: 1 g

1 Geben Sie alle Zutaten, abgesehen von den Oblaten, in einen Mixer oder pürieren Sie sie gemeinsam mit einem Pürierstab.

2 Verteilen Sie die Hälfte der Oblaten auf einer Arbeitsfläche. Teilen Sie die Fruchtmasse gleichmäßig auf alle Oblaten auf.

3 Setzen Sie die verbliebenen Oblaten als Deckel auf die Fruchtmasse und drücken Sie sie leicht zusammen.

Desserts, Kuchen & Gebäck

CHIA-TORTE

4 Port. 35 Min. Mittel

Zutaten

600 g Sauerkirschen
150 ml Kirschsaft
120 g Chiasamen
120 ml Kokosöl
100 g Glutenfreier Zwieback
1 Pck Vanillezucker
4 EL Kokosblütenzucker

Nährwerte p. P.

Brennwert: 316 kcal
Fett: 22 g
Kohlenhydrate: 21 g
Eiweiß: 8 g

1 Zerbröseln Sie den Zwieback möglichst klein.

2 Schmelzen Sie das Kokosöl in einem Wasserbad und vermischen Sie ca. 80 ml davon mit dem Zucker, dem Vanillezucker und dem Zwieback.

3 Legen Sie eine Backform mit Backpapier aus und drücken Sie die Mischung aus Schritt 2 am Boden fest. Stellen Sie die Form in den Kühlschrank, bevor Sie fortfahren.

4 Kochen Sie den Kirschsaft auf und rühren Sie die Kirschen und die Chiasamen sowie das restliche Kokosöl unter.

5 Geben Sie die Masse in die Backform und stellen Sie alles zusammen für mindestens 2 Stunden in den Kühlschrank.

ZITRONENEIS

4 Port. 260 Min. Leicht

Zutaten

4 Zitronen
200 g Zucker
200 ml Wasser

Nährwerte p. P.

Brennwert: 211 kcal
Fett: 0 g
Kohlenhydrate: 51 g
Eiweiß: 1 g

1 Geben Sie den Zucker gemeinsam mit dem Wasser in einen Topf und bringen Sie beides zusammen unter ständigem Rühren zum Kochen. Köcheln Sie die Flüssigkeit danach bei mittlerer Hitze ca. 10 Minuten lang, bis sie dickflüssig wird.

2 Waschen Sie die Zitronen, während Sie die Zuckermasse abkühlen lassen, und reiben Sie die Schale ab. Pressen Sie anschließend den Zitronensaft aus.

3 Verrühren Sie die Zuckermasse mit der Zitronenschale und dem Zitronensaft und stellen Sie die Mischung für mindestens 4 Stunden ins Gefrierfach.

Tipp: Das Eis wird feiner, wenn Sie es während des Gefrierprozesses regelmäßig gut durchrühren.

OBSTSALAT

4 Port.

10 Min.

Leicht

Zutaten

150 g Weintrauben
150 g Erdbeeren
50 g Heidelbeeren
1 Banane
1 Apfel
1 Orange
1 Zitrone

Nährwerte p. P.

Brennwert: 118 kcal
Fett: 1 g
Kohlenhydrate: 31 g
Eiweiß: 2 g

1 Waschen und entkernen Sie den Apfel, schälen Sie die Banane und waschen Sie die Erdbeeren, die Heidelbeeren und die Weintrauben ab. Schälen Sie die Orange.

2 Schneiden Sie alles in mundgerechte Stücke.

3 Pressen Sie den Saft aus der Zitrone und verrühren Sie ihn mit dem Obst.

Tipp: Sollte der Obstsalat zu sauer sein, rühren Sie ein wenig Zucker unter.

VEGANER SCHOKOPUDDING

2 Port.

10 Min.

Leicht

Zutaten

1 Banane
1 EL Erdnussbutter
1 EL Honig
1 EL Kakaopulver

Nährwerte p. P.

Brennwert: 166 kcal
Fett: 5 g
Kohlenhydrate: 24 g
Eiweiß: 4 g

1 Legen Sie die Banane über Nacht in den Gefrierschrank.

2 Schälen Sie die gefrorene Banane und pürieren Sie sie gemeinsam mit den anderen Zutaten.

Tipp: Garnieren Sie den Pudding mit frischen Früchten oder Nüssen.

MELONEN-SORBET

4 Port. 15 Min. Leicht

Zutaten

1 kg Wassermelone
1 Limette
1 EL Minze
1 EL Zucker

Nährwerte p. P.

Brennwert: 88 kcal
Fett: 0 g
Kohlenhydrate: 23 g
Eiweiß: 2 g

1 Stellen Sie das Gefäß, in dem Sie das Sorbet später einfrieren müssen, schon vor der Zubereitung in das Gefrierfach.

2 Waschen und zerhacken Sie die Minze.

3 Trennen Sie die Schale der Melone vom Fruchtfleisch und schneiden Sie Letzteres in Würfel.

4 Pressen Sie den Saft aus der Limette

5 Pürieren Sie die Melone mit der Minze, dem Zucker und 4 EL Limettensaft.

6 Geben Sie das Sorbet in die gefrorene Form und stellen Sie es für mindestens 4 Stunden kühl. Holen Sie es alle 30 Minuten heraus, um es kräftig durchzurühren.

REISPUDDING

2 Port.

15 Min.

Leicht

Zutaten

350 ml Mandeldrink
50 g Reismehl
40 g Zucker
1 Pr Vanillezucker
1 Pr Salz

Nährwerte p. P.

Brennwert: 185 kcal
Fett: 2 g
Kohlenhydrate: 40 g
Eiweiß: 1 g

1 Vermengen Sie die trockenen Zutaten miteinander.

2 Rühren Sie die Hälfte des Mandeldrinks nach und nach unter.

3 Kochen Sie den restlichen Mandeldrink auf und rühren Sie anschließend die Mischung aus Schritt 2 unter.

4 Köcheln Sie den Pudding, bis er zähflüssig wird.

SCHOKOKUCHEN

6 Port.

65 Min.

Leicht

Zutaten

110 g Reismehl
140 ml Wasser
100 g Zucker
50 g Öl
20 g Kakaopulver
1 EL Essig
½ TL Backpulver

Nährwerte p. P.

Brennwert: 289 kcal
Fett: 12 g
Kohlenhydrate: 38 g
Eiweiß: 2 g

1 Heizen Sie Ihren Backofen auf 180 °C Umluft vor und legen Sie eine Backform mit Backpapier aus.

2 Vermengen Sie die trockenen Zutaten miteinander.

3 Geben Sie nach und nach das Wasser und das Öl zu den trockenen Zutaten und rühren Sie alles gut durch.

4 Rühren Sie zum Schluss den Essig unter.

5 Geben Sie den Teig in die Backform und backen Sie den Kuchen etwa 30 Minuten lang.

6 Reduzieren Sie die Temperatur auf 170 °C und backen Sie den Kuchen weitere 15 Minuten lang.

Getränke

HOLUNDER-LIMONADE

4 Port.

15 Min.

Leicht

Zutaten

500 ml Mineralwasser
250 ml Pfefferminztee
250 ml Holunderbeeren-saft
1 EL Zitronensaft
1 TL Honig

Nährwerte p. P.

Brennwert: 44 kcal
Fett: 1 g
Kohlenhydrate: 7 g
Eiweiß: 1 g

1 Kochen Sie den Pfefferminztee auf und lassen Sie ihn abkühlen.

2 Verrühren Sie den Holunderbeerensaft mit dem Tee und dem Zitronensaft und rühren Sie den Honig unter.

3 Gießen Sie die Limonade mit dem Mineralwasser auf.

APFELPUNSCH

5 Port.

20 Min.

Leicht

Zutaten

250 ml Wasser
500 ml Apfelsaft (naturtrüb)
4 Nelken
Zimt

Nährwerte p. P.

Brennwert: 49 kcal
Fett: 0 g
Kohlenhydrate: 11 g
Eiweiß: 0 g

1 Vermischen Sie das Wasser mit dem Saft und erhitzen Sie die Mischung in einem Topf, ohne sie zum Kochen zu bringen.

2 Geben Sie die Nelken für ca. 15 Minuten dazu und fischen Sie sie anschließend wieder heraus.

3 Schmecken Sie den Punsch mit Zimt ab.

ZUCCHINI-SMOOTHIE

2 Port.

10 Min.

Leicht

Zutaten

2 Kiwis
1 Apfel
100 g Zucchini
250 ml Orangensaft
1 TL Honig

Nährwerte p. P.

Brennwert: 294 kcal
Fett: 13 g
Kohlenhydrate: 41 g
Eiweiß: 4 g

1 Schälen Sie den Apfel und die Kiwis. Entkernen Sie den Apfel.

2 Waschen Sie die Zucchini und schneiden Sie alle Zutaten klein.

3 Pürieren Sie alle Zutaten, bis der Smoothie die gewünschte Konsistenz hat..

CRANBERRY-DRINK

2 Port.

25 Min.

Leicht

Zutaten

500 ml Wasser (still)
70 g Cranberrys
50 g Zucker

Nährwerte p. P.

Brennwert: 108 kcal
Fett: 0 g
Kohlenhydrate: 26 g
Eiweiß: 0 g

1 Waschen Sie die Cranberrys und zerstampfen Sie sie mit einer Gabel.

2 Kochen Sie das Wasser auf und rühren Sie den Zucker und die Cranberrys unter. Lassen Sie alles zusammen 15 Minuten köcheln.

3 Geben Sie die Mischung durch ein Tuch, um die Cranberrys abzufangen. Geben Sie den Drink in ein Gefäß und stellen Sie es kühl.

AVOCADO-SMOOTHIE

2 Port.

5 Min.

Leicht

Zutaten

800 ml Reismilch
2 Bananen
2 Avocados
1 EL Kokosblütenzucker
1 TL Leinsamen

Nährwerte p. P.

Brennwert: 44 kcal
Fett: 1 g
Kohlenhydrate: 7 g
Eiweiß: 1 g

1 Schälen und zerkleinern Sie die Bananen. Halbieren Sie die Avocados, entfernen Sie den Kern und kratzen Sie das Fruchtfleisch aus, welches Sie ebenfalls klein schneiden.

2 Pürieren Sie alle Zutaten miteinander.

3 Teilen Sie den Smoothie auf zwei Gläser auf.

ZITRONENLIMO

5 Port. 5 Min. Leicht

Zutaten

3 Zitronen
1 L Mineralwasser
3 EL Honig

Nährwerte p. P.

Brennwert: 43 kcal
Fett: 0 g
Kohlenhydrate: 10 g
Eiweiß: 0 g

1 Pressen Sie den Saft aus der Zitrone.

2 Verrühren Sie den Zitronensaft mit dem Honig, bis dieser sich ganz aufgelöst hat.

3 Gießen Sie das Getränk mit dem Mineralwasser auf.

HIMBEER-HOLUNDER-DURSTLÖSCHER

5 Port.

25 Min.

Leicht

Zutaten

1 L Wasser
250 ml Holunderblütensirup
50 g Himbeeren
2 Zitronen

Nährwerte p. P.

Brennwert: 88 kcal
Fett: 2 g
Kohlenhydrate: 10 g
Eiweiß: 3 g

1 Pressen Sie den Zitronensaft aus.

2 Kochen Sie das Wasser auf und rühren Sie den Zitronensaft unter. Nehmen Sie den Topf anschließend vom Herd.

3 Lassen Sie die Wasser-Zitronenmischung abkühlen und rühren Sie dann den Sirup unter.

4 Pürieren oder zerdrücken Sie die Himbeeren und rühren Sie sie ebenfalls unter.

GURKEN-EISTEE

5 Port.

25 Min.

Leicht

Zutaten

2 L Wasser
500 g Eiswürfel
100 g Agavendicksaft
100 g Zucker
10 Beutel grüner Tee
3 Limetten
2 Salatgurken

Nährwerte p. P.

Brennwert: 74 kcal
Fett: 0 g
Kohlenhydrate: 18 g
Eiweiß: 0 g

1 Kochen Sie das Wasser auf und geben Sie es mit den Teebeuteln und dem Zucker in ein Gefäß.

2 Nehmen Sie nach ca. 5 Minuten die Teebeutel heraus und geben Sie die Eiswürfel in den Tee.

3 Waschen Sie die Gurken und die Limetten gut ab und zerreiben Sie sie anschließend.

4 Rühren Sie den Agavendicksaft sowie die Gurken und die Limetten unter den Eistee.